AF603205

REGLEMENT DE LA IVSTICE DE LA SENESCHAVCE'E D'AVVERGNE ET Siege Presidial de Riom, resolu en Aoust 1596. Auec les interpretations, additions & modifications y adjoustées par autre Reglement publié en May 1623.

Les Articles du dernier interserez à ceux du premier ausquels ils appartiennent.

A RIOM.
Par Pierre Costerauste.
M. DC. XXIII.

REGLEMENT DE LA IVSTICE ordoné par meßieurs les Iuges Magiſtrats du Païs, Seneſchaucée d'Auuergne & Siege Preſidial eſtablis à Riom, reſolu en Aouſt 1596.

ARTICLE PREMIER.

POVR faire ceſſer les abus qui ſe ſont coulez en l'exercice de la Iuſtice pendant les derniers troubles, & pour icelle remettre en ſa premiere ſplendeur. Il eſt enjoinct aux Advocats & Procureurs, Greffiers & autres Officiers de ce Siege, de ſe comporter modeſtement & reveremment en leurs charges, garder le reſpect, non ſeulement envers les Iuges, mais les vns envers les autres, & en tous lieux porter habits decents, principalement au Palais. Et ſe trouver aux audiences aux iours & heures ordinaires, ſur peine d'amende & d'eſtre toute audience reffuſée ou donné exploict contre les deffaillans.

POVR L'EXECVTION INTERpretation & modification du Reglement faict & resolu en la Chambre du Conseil, le dixiéme Ianvier mil cinq cens quatre vingts seze. A esté ordoné & resolu ce qui s'ensuit, pour auoir lieu par prouision iusques à ce qu'autrement en ayt esté ordoné.

PREMIEREMENT, que ledit Reglement sera d'oresnavant gardé & obserué aux peines y contenuës, & soubs les modifications, declarations & augmentations qui s'ensuyuent.

II.

Defences sont faictes à tous ceux qui ne sont Procureurs de se charger d'aucunes causes & de postuler en aucune façon & maniere soit en leurs noms, ou soubs les noms empruntez des Procureurs, ausquels est defendu iceluy prester, sur peine de nullité dommages & interests des parties, & d'amēde arbitraire.

Il est enioinct d'obseruer l'article deuxiesme, à peine de suspension & priuation de la charge des Procureurs qui presteront leur nom aux postulans non procureurs ausquels toute audience sera deniée, & enioinct au Syndic des Procureurs de se saisir des Registres desdits postulans.

III.

Lesdits Procureurs ne prendront charge en mesme cause pour les deux parties: Pourront neantmoins pour éuiter le jugement d'vn congé ou default r'envoyer la charge de l'vne desdites parties à vn autre Procureur, és mains duquel auant contestation en cause, ils mettront tous les memoires & instructions qui leur auront esté envoyés, & en advertirõt lesdites parties, àfin de sçauoir s'ils auront agreable ladite comparoissance dudit nouueau Procureur: Auec defences à celuy qui se sera deschargé, de s'entremettre pour l'advenir directement ou indirectement de la cause qu'il aura r'envoyée à autre, sur peine de suspension & amende despens dommages & interests. N'aura lieu toutes-fois le presẽt article aux proçez de criées, si-non pour le regard du poursuyuant & debiteur, ou autres opposans entre lesquels y aura contradiction ou discepté formé.

IIII.

Tous les Sergens de ceste ville seront tenus de se trouuer à tour de rolle deux en chascune audience tant ordinaire que presidiale, Et à c'ét effect les Bailes desdits Sergens bailleront vn rolle portant vn département des sepmaines ausquelles chascun d'eux sera tenu faire le seruice : Et est enjoinct aux deux qui seront en sepmaine de se trouuer & assister à l'audience entiere : & le Samedy denoncer aux deux qui doivent servir la sepmaine suyvante, & dans ledit iour en aporter l'acte ou breuet au Procureur du Roy signé de tous quatre, le tout sur peine de suspension de leur charge & d'amende arbitraire.

V.

Les Huissiers seront tenus chacun iour d'entrée de se trouuer & tenir au Palais avant l'entree, tant pour faire le seruice en la châbre, que pour assister aux audiences tant ordinaires que presidiales : Et leur seront faictes defences de partir de la ville sans permission & congé. Pendant les audiences lesdits Huissiers, Greffiers, Commis & Sergens ne feront aucunes sommations ou significations ausdits procureurs ou leurs substituts, ains feront toutes significations en la Salle du Palais ou en leurs maisons, sur peine du nullité & d'amende arbitraire.

VI.

Defences sont faictes aux Procureurs de s'interrompre l'vn l'autre en plaidant, & de bouger de leur place dont ils se seront levez pour plaider, ſur peine de denegation d'audience & d'amende de dix ſols qui ſera levée ſans depoſt au proffit des pauures & juſques au payement d'icelle leur ſera la poſtulation interdite. Pareillement ſur les meſmes peines eſt defendu auſdits Procureurs d'adreſſer leur parole à autre qu'au Iuge qui tient l'audience, d'vſer d'aucunes paroles ſuperfluës ou injurieuſes, Et de faire aucun ſerment ou affirmation ſans commandement ou interpellation du Iuge.

VII.

Aux audiences Preſidiales aucun n'entrera dans le parquet de l'audience fors les Procureurs & les parties lors de l'audience de leur cauſe, Pourront toutes-fois les Procureurs aux audiences ordinaires juſques à ce qu'autrement en ſoit ordonné, auoir leur principal clerc prés d'eux, ſans que leſdits clercs ſe puiſſent aſſeoir aux bancs des Procureurs ni aller de place en place ou poſtuler en l'abſence de leurs maiſtres, ains ſeulement ſe ranger pres des ſubſtituts procureurs de leurſdits maiſtres, pour leur donner inſtruction de l'eſtat de la cauſe & de la charge qu'ils auront, Et à c'ét effect eſt enjoinct aux Huiſsiers & Sergens de tenir la main à l'obſeruation du present article sur peine d'amende : Et où aucun suruenant auroit affaire ausdits Procureurs estans dans l'audience lesdits Huissiers ou Sergens seront tenus d'apeler à haute voix celuy qui sera demandé, sans permettre l'entrée dudit Parquet à autres qu'à ceux dont la presence y est requise.

Et en adioustant au septiesme article est enioinct aux principaux clercs qui seront prés de leurs maistres ou de leurs substituts és audiences ordinaires de se tenir bas & non assis : Et defences aux Procureurs qui seront appelez par l'Huissier pour conferer à ceux qui ont affaire à eux de se promener dans la Salle de l'auditoire. Et en cas de negligence des Sergens en l'obseruation dudit article ils seront condamnez sur le champ à l'amende, avec interdiction de leur charge iusques au payement d'icelle.

VIII.

Ne pourront lesdits Procureurs mettre aucune cause appoinctee à plaider au rolle que au prealable ils n'ayent faict communiquer leurs Aduocats, ou qu'ils n'ayent en main acte de sommation de ce faire : Et sera ledit rolle signé par l'huissier & publié trois iours avant qu'il soit appellé.

Et en interpretant le huictiesme article & ad-

ioustant à iceluy, Seront les communications des causes appoinctées à playder ou les sommatiõs de communication faictes vn iour avant qu'elles puissent estre mises au rolle pour estre playdees à l'audience ensuyvant : Assauoir, que les cõmunications ou sommations de communiquer faictes le Samedy ou Mecredy, les causes seront mises au rolle le Lundy, pour playder au Samedy, ce qui n'aura lieu en causes discontinuées durant trois mois, lesquelles ne pourront estre mises au rolle que huictaine aprés la sommation de communiquer.

IX.

Les Aduocats & Procureurs seront tenus aller au parquet des gens du Roy les iours de Mecredy & Vendredy avant l'audience, pour leur communiquer des causes appoinctées à plaider ausquelles le Roy ou le public auront interest, ou autres d'importance ou difficulté notable, Assauoir le Mecredy pour celles qui escherront à playder le Samedy, & le Vendredy pour celles qui escherront le Mecredy : Et à ceste fin les Huissiers ou l'vn d'eux seront tenus d'appeler à haute voix lesdits Advocats au parquet ausdites heures & à faute de communiquer sera toute audience deniée & donné exploict contre celuy qui se ſera trouué en demeure de communiquer auſdits gens du Roy, pour les cauſes où le le Roy ou le public auront intereſt.

X.

Les Aduocats reſpectiuement ſeront tenus de communiquer fidelement toutes pieces deſquelles ils ſe voudront ayder en plaidant, & deſduire les faictz & fins qu'ils pretendent propoſer, & s'accorder du contenu eſdites pieces, leſquelles ils cotterōt en teſte & marqueront les endroits deſquels ils entendent s'ayder en plaidant.

XI.

Leſdits Aduocats ayans prins pieces & charge des parties pour plaider, seront tenus ſe tenir preſts & ſe trouuer à toute audience aux iours ordonnez, & où ils s'abſenteront de la ville pour aucuns leurs affaires, ſeront tenus avant leur partement en advertir les Procureurs des parties qui leur auront baillé la charge & leur rendre les ſacs & pieces: Semblablement où leſdits Advocats s'abſtiē-dront d'aucunes cauſes qu'ils ont és mains, ſeront tenus de rendre les ſacs és mains des Procureurs des parties trois iours auparauant l'audience de la cauſe: Et leſdits procureurs de faire aprester vn autre Advocat sur peine des despens dommages & interests des parties en leurs propres & priuez noms.

XII.

Les plaidoyés desdits Advocats, tant pour les causes presidiales que de la Seneschaução seront baillez par escript à celuy des Greffiers qui aura tenu le Registre de l'audience de ladite cause dans trois iours apres ladite plaidoirye pour le plus tard, sur peine du sejour dommages & interests desdites parties, ledit temps passé & faisant apparoir des sommations, le Iugemẽt sera deliuré sur le plaidoyé de la partie dilligente, neantmoins sera tenu le Greffier d'escrire sur le champ les principaux points des plaidoyés, à tout le moins les consentemens denegations & offres des parties, avec defences ausdits Advocats & Procureurs de ne desduire autres moyens superflus par leursdits plaidoyés, & de ne semer ou adjouster autres faicts ou moyens que ceux qui auront esté verbalement plaidez, sur les mesmes peines.

Et sur le douziesme, au lieu du delay de trois iours pour bailler les plaidez, les Advocats serõt tenus les bailler dans le iour ou dans le l'endemain midy en cas de legitime excuse.

XIII.

Les ſignifications de toutes cauſes (pour en auoir jugement) ſe feront au Procureur ou ſon ſubſtitut procureur, le iour auparauãt que les cauſes ſoient audiencees pour le plus tard, ſinon que ledit iour auant l'audience fuſt ferié: Auquel cas ſera beſoing faire leſdites ſignifications aux iours precedens non feriés: Toutesfois les ſignifications qui aurõt eſté faictes huict iours auparauant leſdites audiences ſeront bonnes & vallables, & toutes autres ſignifications ſeront de nul effect, faiſant defences de faire aucunes ſignificatiõs de cauſes pour auoir audience, ou ordonance dans les delaiz ja baillez qui ne ſeront expirez.

Et en interpretant la fin du trezieſme article, & pour le faire convenir au vingt-ſixieſme, eſt ordoné que les ſignifications pour l'inſtruction des cauſes ſeront bonnes & vallables dans le delay non expiré pour avoir audience ou ordonance au iour auquel le delay expirera.

XIIII.

Seront tenus leſdits Procureurs d'aporter leurs regiſtres & cottez aux audiences, & quant à ceux qui auront preſenté leurs cauſes & en demanderont audience, de faire apparoir promptement & par eſcript deſdites ſignifications duëment faictes au Procureur de partie adverſe ou à ſon Suſtitut Procureur, autrement ſera la cauſe rayée,

X V.

Et pour facilliter le contenu au precedent article leſdits Procureurs ſeront tenus dans trois iours apres la publication de ces presentes, de faire nomination ſignée de leur main, de leur ſubſtituts procureurs, & icelle mettre és mains des Syndics des curiaux & des Greffiers, leſquels en feront faire deſcription en vn tableau ou placard lequel ſera affiché au Greffe àfin qu'il ſoit notoire à tous. Et où leſdits Procureurs reuoqueroient ou changeroient de ſubſtituts, ſeront ſemblablement tenus en bailler promptement auſdits Syndics & Greffiers leur declaration ſignee de leur main pour en remplir ledit tableau. Et pour-ce qu'en pluſieurs autres choſes leſdits Procureurs peuuent auoir affaire du miniſtere de leur principal clerc, meſme pour retirer les ſacs pieces & eſcritures des proçez, ſeront tenus de bailler & mettre au Greffe la nomination de leur principal clerc du faict duquel ils ſeront reſponſſables, & en fere faire vn tableau qui demeurera au Greffe pour y auoir recours, & en cas de changement sera ledit tableau refaict & corrigé.

XVI.

Les Procureurs seront tenus pour l'expedition des appoinctemens & causes des parties se trouuer au Palais & en leurs bancs le Lundy, Mecredy & Samedy, dés les deux heures de l'apresdinée jusques à quatre, pendant lequel temps toutes instructions & significations necessaires se feront aux procureurs sur peine de suspension dommages & interests des parties: Et à faute de trouuer lesdits procureurs en leur banc ausdites heures, les significations faictes à leurs substituts & en l'absence de leursdits substituts, au procureur qui se trouuera le plus proche de leur banc, seront vallables.

XVII.

Seront les demandes des defauts & cõgez difinitifs signez par les Procureurs ou leurs substituts, & les significations d'iceux faictes aux Procureurs qui seront cottez ou à leurs substituts.

XVIII.

Tous appoinctemens & ordonances concernant l'instruction des causes se donneront aux audiences ordinaires & non ailleurs, excepté aux cauſes priuilegeẽs ſommaires & de prouiſion qui ſe pourront donner hors l'audience par monſieur le Lieutenant general, ou celuy qui preſidera en ſon abſence de la ville ou empeſchement : Exceptez auſsi les appoinctememens qui concerneront les proçez diſtribuez & execution de ſentences & jugemens, leſquelles ſe prendront pardeuant les rapporteurs & executeur d'iceux, au Palais toutesfois & non ailleurs, les Procureurs ouys ou appellez, & en leur abſence leurs ſubſtitus.

XIX.

Ne ſera toutesfois donnee aucune forcluſion ni ordonnance ſeruant à linſtruction de la cauſe en l'abſence du Procureur ou de ſon ſubſtitut ſur le rapport du commis au Greffe ſeulement, ſans au prealable ordonner vn iteratif commandement audit procureur ou ſon ſubſtitut de comparoir, lequel ſera tenu ſur peine d'vn eſcu d'amende & de priſon s'il y eſchet, de comparoir ſans aucune excuſe: Et àfin qu'il vienne preſt, ſera tenu le commis ou huiſsier de ſignifier en qu'elle cauſe, à la requeſte de qu'elle partie, & à qu'elle fin il faict la ſommation de comparoir pardeuant le Iuge, & icelle bailler par eſcript : Et ſi aucunes asſignations & ordonnances ſont donnees autrement que deſſus, elles ſont nulles & demeureront ſans effect, ſauf de recouurer les dommages & intereſts des parties contre leſdits procureurs ou leurs ſubſtituts qui auront pourſuyui leſdites ordonnances contre la forme ſuſdite.

XX.

Defences ſont faictes aux Procureurs ou leurs ſubſtituts de preſenter aucunes cauſes par attiquéts, ne vne meſme cauſe en deux diuers regiſtres, ni les interligner, ſur peine d'amende tant contre le Greffier qui l'aura permis, que contre le procureur qui l'aura faict ou requis.

XXI.

Et pour obvier à la confuſion qui ſe voit aux audiences, de l'inſtruction des proçez, procedant de la multiplicité des cauſes qui ſe preſentent aux regiſtres ſans occaſion, ſeront tenus leſdits procureurs ou leurs ſubſtituts d'accorder entr'eux tous appoinctemens raiſonnables pour l'inſtruction des proçez, auec delays peremptoires ſelon la diſtance des lieux juſques à la forcluſion excluſiuement, pour eſtre donné reglement purement & ſimplement, leſquels appoinctemens accordez ſeront deſignez par les procureurs ou leurs ſubſtituts, & d'iceux à chacun d'eux ſera baillé vne coppie ſignee, & vn'autre ſignée & miſe au Greffe pour eſtre enregiſtree.

XXII.

Et au cas qu'ils ſoient en different de leur appoinctement ſeront tenus d'appeller vn tiers procureur ſur le different de la longueur ou briefveté du delay tant ſeulement, & ſans que ledit tiers procureur puiſſe bailler nouueau delay, ni proroger celuy qui pourroit auoir eſté donné, ni pour-ce prendre aucun ſalaire ſur peine ce concuſsion.

XXIII.

Et à ceſte fin du reffus ou delay faict par l'vn des procureurs de ſigner ou accorder ledit appoinctement, l'autre procureur pourſuyuant ledit appoinctement en ſera creu par ſon ſerment en monſtrant ledit appoinctement ſigné par vn tiers, qui aura telle force & vigueur que s'il eſtoit àcordé & ſigné par le reffuſant.

XXIIII.

Les procureurs ayant prins vn premier delay apres la demande & concluſions baillees auant que prendre autre delay, propoſeront leurs fins declinatoires ou dilatoires ſi aucunes ils en ont, autrement apres auoir prins vn ſecond delay ils n'y ſeront plus receuz. Comm'auſsi és cauſes où peut eſchoir requiſition de veuë ſeront tenus de la requerir auant que prendre aucun delay pour conteſter en la cauſe, autrement ils n'y ſeront plus receuz.

XXV.

Semblablement ſeront tenus d'oreſnauant en baillant la demande fins & concluſions des parties, à tout euenement auant conteſtation, d'eſlire domicile, de faire declaration de ſe contenter de ſomme certaine àfin que ſur icelle le procureur de la partie defendereſſe au iour qu'il aura à defendre, en baillant par luy ſes defences accorde ou diſcorde la retention de la cauſe pour eſtre jugee en dernier reſſort ou par prouiſion ſuiuant l'Edict, laquelle retention de cauſe leſdits procureurs en paſſant ledict appoinctement de conteſtation au principal ſeront tenus d'accorder ou diſcorder, pour ſur ce eſtre ordonné ſur ladite retention ce qu'il appartiendra au defaut de s'en accorder, le tout ſur peine d'amende, deſpens dommages & intereſts des parties.

XXVI.

Les delays donnés en audience de huictaine ou quinzaine ou autres ſemblables, expireront en l'audience le dernier iour dudit delay, tellement que celuy qui aura à defendre dans huictaine sera tenu de proposer ses defẽces à l'audience du dernier iour de ladite huictaine sans qu'on soit tenu d'attendre que tout ledit iour soit expiré.

XXVII.

Defences sont faictes à tous procureurs de mettre aux appoinctemens la comparoissance pardeuant vn Iuge & ordonnance dudit Iuge soubs pretexte que les procureurs auroient signé lesdits appoinctemens & qu'ils en seroient d'accord, ains seront accordez par appoincté, sinon qu'effectuellement ils eussent comparu pardeuant ledit Iuge. Semblables defences sont faictes aux Greffiers ou leurs commis de signer ou collationner tels appointemens, le tout sur peine de faux & de nullité & de tous despens dommages & interests des parties.

XXVIII.

Et pour oster toute superfluité de langage dont on remplissoit les appoinctemens: Est ordonné que tous appoinctemens ne contiendront autre chose que la presentation de l'estat de la cause & l'appoincté ou ordonnance du Iuge: Et seront les disceptez, dires & remonſtrances des parties miſes à part & hors les appoinctemens, & ſignez par les procureurs, & apres par le greffier ou commis qui les aura reçeus.

XXIX.

Leſdits procureurs ou leurſdits ſubſtituts ou autres perſonnes quelſconques ne propoſeront pour autruy cauſes de recuſation ſans auoir procuration ſpeciale & pouuoir ſuffiſant en main, dont ſera faicte mention, & coppie baillee à partie adverſe ſur peine d'amende contre leſdits procureurs en leurs propres & priuez noms.

XXX.

L'original de tous actes & appoinctemens pris hors iugement par leſquels le Iuge ordõnateur pourroit eſtre chargé d'aucune choſe ſera ſigné par luy, ſur peine de nullité, & mis au greffe pour en eſtre faict expedition aux parties.

XXXI.

Aucunes commiſsions ne ſeront octroyees pour faire enqueſtes à parties ſi ce n'eſt en jugement ſur requeſtes qui ſeront r'apportees en la Chambre. Faiſant defences aux Greffiers & leurs commis d'expedier aucune commiſsion en autre forme, ores que les procureurs y consentissent par appoinctemens pris entr'eux, sur peine de nullité despens dommages & interests des parties.

XXXII.

Les contestations, defences & exceptions portees par la signification de distribution du proçez, ni semblablement les remonstrances & requisitions tendant à communication de proçez, nullité, reject, reception d'enquestes, objects, productions & autres pieces ne serōt receuës apres les delays expirez: Et sans auoir esgard à icelles les proçez seront iugez, sauf aux parties ou leursdits procureurs de se pouruoir promptement apres lesdites significations par requestes ou autrement ainsi qu'ils verront estre à faire: Ne se pourra aussi faire aucune production apres la distribution sans ouïr ou apeller le procureur de partie adverse.

XXXIII.

Toutes escriptures apres Reglement donné en la cause, comme articles, responses & additions, soustenances d'objects, contredits & saluations, griefs, responses à griefs & advertissemens seront signez & dattez du iour de la desliurance de la main des Advocats de ce siege, lesquels au dessoubs de leur seing escriront & parafferont ce qu'ils auront receu pour leur vaccation : Et defences faictes à tous procureurs de les datter ſigner ou faire ſigner par autres qui ne ſoient Advocats audit ſiege, leſquelles audit cas ſeront rejetees du ſac comm'auſsi les advis de conſeil qui ſeront employez pour griefs, reſponſes à griefs, advertiſſemens ou contredits : Et ce ſur peine contre les procureurs qui s'en voudront ayder de ſuſpenſion de leur charge, & d'amende s'il y eſchet, & ne ſera faicte aucune taxe pour les eſcriptures faictes en autre forme que cy deſſus.

XXXIIII.

Les Procureurs ſeront tenus de cotter de leur main en teſte des eſcriptures qui ſeront baillees, le iour du bail d'icelles, tant pour l'inſtruction que vuydange deſdits proçez.

XXXV.

Aucunes coppies ne ſeront reçeuës en production qu'elles ne ſoient collationnees partie appellee, ſi ce ne ſont pieces qui ayent eſté baillees par partie adverſe & dont il appareiſſe par icelles.

XXXVI.

Les inventaires des proçez ſeront ſignez par leſdits procureurs ou leurſdits ſubſtituts, & contiendront les fins auſquelles les productions seront faictes sans desduire aucune raison de droict, avec defences aux Greffiers de receuoir aucunes productions que lesdits inventaires ne soient signez comme dessus, & par lesdits Greffiers parafiez auec toutes autres pieces des productions, & les proçez remplis de toutes pieces portees par lesdits inventaires, sur peine d'amende.

XXXVII.

Les Procureurs ou leurs substituts en mettant au greffe leurs articles, responses, additions, enquestes, objects, soustenances de tesmoingts, contredicts, saluations & toutes autres pieces desquelles ils se voudront ayder seront tenus en retirer vn acte signé par le Greffier contenant le iour que lesdites pieces auront esté mises au Greffe, & feront paraffer par ledict Greffier toutes lesdites pieces & productions, & semblablement signiffier ledit acte au procureur de partie adverse, lequel acte sera produict & particulierement inventorié pour monstrer & veriffier si les parties ont satisfaict dans les delays ordonnez & dudit mis, sera faict registre.

XXXVIII.

Aucun ne sera receu à auoir communication de la production de partie adverse qu'il n'ayt produict de sa part ou qu'il ne soit forclos de ce faire, auquel cas de forclusion, on pourra auoir communication à fin contradictiue seulement.

XXXIX.

Les Procureurs qui retireront les sacs du Greffe soit pour consulter, bailler contredits, griefs, responses ou autrement, ne les pourront garder plus de quinze iours : Et seront tenus les remettre iceux passez à peine de cõtraincte par corps & du sejour des parties, laquelle contraincte le Greffier expediera apres qu'il luy apparoistra d'vne sommation faicte à celuy qui aura retiré lesdits sacs sans autre ordonnance.

XL.

Les Procureurs ne feront iuger les proçez qu'ils n'ayent esté distribuez, & ne mettront lesdits proçez en distribution que la signification n'en ayt esté faicte trois iours auparauãt, & que les actes de signification ne soient produits au sac & inventoriez, & que lesdites productions n'ayent demeuré au Greffe huict iours à compter du iour que la production aura esté faicte audit Greffe : Et lesquels proçez ne seront jugez sinon huict iours aprés la distributiõ faicte d'iceux sur peine de nullité.

XLI.

Enjoignons au Greffier incontinant apres la distribution faicte, de porter les sacs aux Iuges ausquels ils sont distribuez.

XLII.

Defendõs aux Commis & Huissiers qu'ils n'ayent à signifier aucun acte du mis & rapport de production au Greffe qu'ils n'ayent ledit acte en main signé par le Greffier, au dessoubs duquel seront tenus mettre ladite signification.

XLIII.

Pareillement est defendu aux Huissiers de faire aucune signification de distribution de proçez qu'au dessoubs des actes & appoinctemens dudit procez signez par le Greffier, sur peine d'amende & de nullité de ladite signification, & si l'acte de ladite signification se trouue adiré il se fera de nouueau, & contiẽdra le nom du Iuge auquel le proçez est distribué, le jugement duquel surseoira huictaine apres ledit acte dernier de signification de distribution.

Et pour le quarante-troisiesme article, la signification de distribution se pourra faire au pied de l'acte de production & signification du mis au Greffe, & apres la distribution s'il y a des actes pris pardeuant le Rapporteur sur l'instruction ou incident sera la signification du port des pieces és mains du Rapporteur mise au pied desdites actes, & le semblable sera obserué és incidens & legeres instances distribuées à la Chambre lesquelles ne seront iugées que le iour ensuyuant.

XLIIII.

Les procez qui seront ou auront esté distribuez entre les mains de l'vn des Conseillers ne pourront estre remis en autre main pour en faire rapport, soit par maladie du rapporteur d'iceux ou autrement, sinon par ordonnance qui sera signifiée au procureur de partie ou audit substitut procureur & mise au sac.

XLV.

Apres la distribution desdits procez faicte en la forme cy deuant dite, les parties ou leurs procureurs ne seront plus receus par requeste ou autrement à en requerir la communication & les retirer des mains du rapporteur, sinon qu'il y eust plus de six mois de ladite distribution, ou qu'il y eust quelque autre cause legitime, auquel cas en presentant requeste par eux sera pourveu comme il appartiendra, à la charge que dans le delay qui leur ſera donné leſdits procureurs ſeront tenus de remettre és mains deſdits rapporteurs leurs procez, ſans attendre que le procureur de partie adverſe en face aucune pourſuite ou diligence, & ce ſur peine de tous deſpens dommages & intereſts, voyage & ſejour des parties, & de ſuſpenſion.

XLVI.

Toutes requeſtes & ordonnances de la chambre ſeront deliurées aux huiſsiers par les mains du Greffier de la chambre, & par eux & non autres ſignifiees aux procureurs ou à leurs ſubſtituts & non à autres à l'inſtant & auant que ſe deſſaiſir d'icelles, & faiſant leſdites ſignifications ou autres ſommations, ſeront tenus d'en bailler coppie ſignée laquelle à ceſte fin les procureurs ſeront tenus d'attacher à toutes requeſtes qu'ils preſenteront, & toutes ſõmations qu'ils feront faire, le tout ſur peine de nullité deſpens dommages & intereſts des parties.

XLVII.

Les taxes de deſpens ſeront miſes au greffe dans trois iours apres qu'elles ſeront faictes pour y auoir recours, & ce par le commis au greffe qui aura aſsiſté à ladite taxe ſur peine d'amende & deſpens dommages & intereſts des parties : lequel ſoubs les meſmes peines ſera tenu cotter & datter dans ledit executoire le jugement cōtenant la condamnation.

XLVIII.

En toutes declarations de deſpens ſeront nommez ceux que l'on pretend auoir faict les voyages, autrement ne leur ſera faict aucune taxe.

Et adiouſtant au quarante-huictieſme article, le Commis au Greffe qui ſignifiera au procureur du condamné d'aſsiſter à la taxe des deſpens ſera tenu luy laiſſer la declaration vn'heure entiere en icelle certiffiant par ledit procureur pour la rendre dans l'heure à peine d'amende & du ſeiour des parties contre le procureur en ſon privé nom : Et neantmoins audit cas ſera permis de refaire ladite declaration aux fraiz dudit procureur contre lequel ſera deliuré executoire par le Commiſſaire.

Et en outre eſt ordonné que les taxes faictes pour voyages à perſonnes qui ne ſeront nommées ſeront reformées & demeureront ſans effect, & ſur les meſmes peines ſera deſigné le temps du voyage ou datté l'acte faict en conſequence d'iceluy.

POVR LES MATIERES de Criées

QVE DORESNAVANT en Criées les cinq quinzaines requises par la Coustume pour la vente & quatre criées prendrõt & commenceront leur cours au Dimanche prochain apres la saisie, le iour de laquelle saisie seront les assignations posées sans qu'il soit besoing d'vser de notification generalle au prochain Dimanche comme il à esté cy deuant obserué par plusieurs, ores qu'elle ne soit prescripte par les Ordonnances ni par la Coustume.

XLIX.

Seront faicts quatre registres ausquels seront enregistrées & presentees toutes causes des proclamations encheres & estrousses qui se feront en iugement soit pour la proprieté du fonds & heritages que semblablement pour les fruicts dont les fonds sont saisis.

Outre les quatre registres ordonnez pour les proclamations des fonds & fruicts saisis par criées mentionnés au quarante-neufviesme article: Est ordonné que pour les causes nouuelles desdites saisies par criées il sera faict vn registre nouueau qui ſera intitulé Nouuelles pour Criées: Auquel ſeul ſeront faictes toutes nouuelles preſentations tant des pourſuyuans que defendeurs & oppoſans eſdites matieres, lequel regiſtre ſera mis au Greffe & y demeurera & seront les preſentations pour certifier les criées faictes conformément à l'extraict de la preſentation dudit nouueau regiſtre des certifications en cas que la preſentation qui ſera faicte au regiſtre des Certifications qui ſe lit en audience ne ſera conforme audit nouueau regiſtre des preſentations pour criées dont l'extraict ſera attaché auec le procez verbal & tateſtation.

L.

Auant la publication des criées le procez verbal ſera mis és mains d'vn Advocat pour en faire ſon rapport lors de la publication, auquel Advocat ſera payé le droict ancien qui eſt cinq ſols, qui ſe prendra ſur ce qui eſt accouſtumé d'eſtre taxé pour ladite atteſtatiõ.

Et pour le regard du cinquantieſme article, ſera adiouſté qu'il ſera faict vn regiſtre qui ſera commun aux quatre clercs de l'audience, dans lequel ſeront enregiſtrez tous procez verbaux de criées, declarations & confins des heritages au long iuſques à la vente excluſiuement & ce par les clercs des procureurs, pour lequel enregiſtre-

ment ne ſera payé plus grand ſalaire que de deux ſols & ſix deniers, dans lequel l'vn desdits clercs de l audience collationnera ladite coppie ſur l'original & ſera ledit enregiſtrement ſignifié trois iours avant l'atteſtation & certification des criées & au pied du procez verbal cottera le feueillet du regiſtre où ledit procez verbal ſera inſeré.

L I.

Les placcards pour la vente tant des fruictz que de fonds ſeront extraictz mot à mot du procez verbal de ſaiſie, & ſeront les heritages ſaiſis enregiſtrez au long, & ſe fera la premiere publication ſur le regiſtre ſur peine de nullité & d'amende contre le Greffier qui aura faict la publication auant l'enregiſtrement. Les publications & remiſes ſuyuantes, rapporteront le iour de ladite premiere publication en laquelle eſt contenu le placar, & quand aux encheres des fruictz dont le fonds ne ſeroit ſaiſi, le placar extraict du procez verbal ſigné par le procureur du commiſſaire ou du ſaiſiſſant ſera mis ès mains du greffier qui à l'inſtant au pied dudit placar ſignera la certification dattée du iour qu'il aura eſté mis en ſes mains, & ſur ledit placar les encheres ſerõt receuës & les eſtrouſſes faictes.

LII.

Nul nē sera receu judicielement à encherir sans procureur ne sans eslection de domicille, & pour obvier aux faulsetez qui peuuent advenir sur le faict desdites encheres, le greffier ou commis qui receura lesdites encheres tant de fonds que de fruicts sera tenu d'inserer dans le registre toutes encheres particulierement, & ainsi qu'elles auront esté faictes, & de signer lacte au registre original sur lequel ladite enchere sera faicte & enregistrée, & ce auparauant que de sortir du bureau: Comm'aussi toutes encheres exedans la somme de dix escus, seront signées par le dernier metteur ou son Procureur auant la sortie du Palais, sur peine de nullité despens dommages & interests dont les commis respondront.

LIII.

Les procureurs ne feront mises ou encheres pour gens incongnus ou notoirement insoluables, & en faisant lesdites encheres serōt tenus de nommer le lieu de l'habitation & les noms & qualitez desdites parties sur peine de payer en leurs noms propres & priuez le pris desdites encheres, ensemble to us despens dommages & interests.

LIIII.

Defences sont faictes à toutes personnes de presenter aucunes causes sur l'estrousse des fonds saisis par criées que prealablement la sentence confirmatiue d'icelles ne soit expediee en forme ou par extraict.

LV.

pour proceder à la distribution des deniers consignez & prouenans des heritages vendus par criées, iceux deniers seront apportez pardeuant l'executeur pour estre deliurez aux opposans selon leur ordre.

LVI.

Et pour obuier aux fraudes qui peuuent advenir, tous opposans & creanciers aux procez de criées en demandant la distribution des deniers qui leur seront deubs, serõt tenus pardeuant ledit executeur representer les contracts obligations, cedules, iugemens & autres pieces en vertu desquelles l'adjudication desdits deniers leur auroit esté faicte, & outre les quitances qu'ils feront retirer desdits deniers distribuez, feront endosser le payement & distribution faicte sur les originaux des contracts, obligations, cedules & jugemens, en affermant suyuant l'ordonnance, àffin que ceux qui seront ainsi payez n'ayent plus aucũ moyen en vertu desdits contracts & obligations d'inquieter lesdits debiteurs ou autres tiers detẽteurs : & aux endossemens sera faicte mention desdites quitances, & aux quitances dudit endossemẽt à ce que ledit endossement & quitance ne tiennent lieu que d'vn mesme payement : Et où les collations auroient esté seulement produictes pour ce pouuoir par lesdites parties produire les originaux outre l'endossement faict sur lesdites collations, sera ordonné estre faict pareil endossement sur les originaux pardeuant le Iuge des lieux des parties, & de tout ce que dessus sera faicte mention par le procez verbal.

Et en tant que touche les cinquante-cinq & cinquantesixiesme articles, ils auront lieu en cas qu'il soit ainsi requis par tous les opposans, & où il ne sera requis par tous, le Receueur des Consignations payant selon la sentence d'ordre sera tenu se saisir des affirmations faictes pardeuant l'executeur & faire entierement satisfaire ausdits articles & au Iugement d'ordre, mesmes par la representation & endossemens y mentionnez à peine d'en respondre à son nom.

Quand il y aura heritages non faisant corps de Seigneurie ou Metairie les encheres seront faictes particulierement s'il est requis, sans que aucun soit receu à encherir en blot sur les heritages encheris particulierement afin que ceux qui ont charge d'encherir particulierement puissent aiseement en audience recongnoistre si l'enchere excede leur charge.

Et aprés l'estrousse ou adiudication des biens faicte, les procureurs qui voudront encherir hors l'audience auant la deliurance du Decret comme il est permis par la Coustume, seront tenus de iustifier de procuration de personne congnuë & solvable aux peines de l'ordonnance, & outre ce seront les encherisseurs condamnez à payer le voyage de celuy qui auoit heu l'estrousse & ce avant l'audience prochainement suyuante, autrement & à faute de ce faire sera l'enchere reietée & le Decret deliuré à l'adiudicataire.

LVII.

La deliurance des decrets ne se fera qu'auparauant il n'apparoisse que l'acte de consignation ayt esté signifié aux procureurs des poursuyuans & debiteurs, ou que ladite consignation n'ayt esté faicte en leur presence.

LVIII.

Pour empescher les abus qui se peuuent commettre sur les consignations tant pour biens vendus par criées, que toutes autres : Il est enjoinct au Receueur des consignations d'escrire en son registre le nombre des especes & le pris & taux pour lequel elles sont consignées & mises en ses mains par les parties.

LIX.

Aucunes consignations ne seront valables que partie adverse ou son procureur ne soit present ou appellé, où il y aura partie comparant, âfin de sçauoir celuy qui consigne, & pour voir par qui & comment la consignatiō aura esté faicte & dont l'acte sera chargé, sur peine de nullité desdites consignations comme dit est.

GREFFIERS ET COMMIS.

LX.

IL est expressémēt defendu à tous Greffiers clercs du greffe & commis de faire charge de procureur, postuler, ou faire postuler, & soliciter directement ou indirectement pour aucunes parties, & quant aux procureurs & greffiers qui sont de present ils pourront faire exercer leur pratique jusques à la fin de leur ferme par autres, ausquels sont faictes defences de communiquer aucunement ensemble du faict desdits proçez à peine de priuation de leurs charges, & ne feront acte de Greffier aux causes dont ils ont heu charge, sur peine de nullité des actes & iugemens qu'ils obtiendront ils demeureront responssables envers leurs parties,

Et pour l'obseruation de l'article soixantiesme, defences sont faictes aux procureurs d'exerçer la charge de Commis au Greffe à peine de priuation de leurs charges, nullité des actes, despens dommages & interests des parties,

LXI.

Les Greffiers ouuriront & se tiendront au Greffe pour l'expedition de tous actes de justice en temps d'esté, despuis six heures de matin jusques à dix: Et en temps d'hiuerr, dépuis sept heures jusques à vnze, & les apres dinées dépuis vne heure jusques à cinq, sur peine de suspension de leurs charges, dommages & interests des parties.

Le soixante-vniesme sortira effect, fors que les Greffiers ouuriront à six heures & demy en esté, & ne pourrōt sortir auāt dix heures & demy.

LXII,

Les Greffiers ne permettront aucunes perſonnes eſcrire aux regiſtres du Greffe que les commis qui ſeront par eux nommez, dont le nombre ſera reduict & les functions ſeparees, & s'il ſe trouue quelque faute ou abus eſcript auſdits regiſtres leſdits Greffiers en ſeront reſponſſables.

Et en adiouſtant au ſoixante-deuxieſme article, defences ſont faictes aux Greffiers d'employer pour commis au greffe autres que ceux qui ſeront au tableau qui leur ſera liuré, & vacation aduenant par mort ou forfaict apres la reduction faicte au nombre qui ſera cy apres determiné, leſdits Greffiers nõmeront à la place vacante homme capable qui ſera examiné, & qui aura durãt trois ans ſerui de principal clerc à vn ou pluſieurs procureurs, autrement & à faute deſdites qualitez & ſeruice il ne pourra y eſtre reçeu. Et ne pourront leſdits clercs ou commis auoir aucuns clercs, ains ſeront tenus d'eſcrire de leurs mains les expeditions, ou en cas de maladie ou empeſchement ſuruenant s'entr'ayder & ſecourir l'vn l'autre.

LXIII.

Seront tous actes & appoinctemens bien & corectement eſcripts, veriffiez & collationnez duëment par les commis & non autres, & ſignez par le Greffier, & ſans qu'aucũ iugement puiſſe eſtre donné qu'au prealable tous leſdits actes n'ayent eſté leuez par extraict & ſignez par leſdits Greffiers : Faiſant defences à tous commis de collationner aucuns appoinctemens qu'ils n'ayent eſté reçeus par eux ſur peine de faux & de priuation de leurs charges.

Et en interpretant les dèfences contenuës à la fin de l'article ſoixante-trois, eſt enioinct aux Commis de ſigner les actes & ordõnances faictes & priſes en leur preſence en cés mots, Reçeu par moy Commis au Greffe, *Leſquels ils eſcriront au long & ſigneront de leur nom & paraffe : Et quant aux actes qui auront eſté rèçeus par autre, ils en pourront faire expedition faiſant mention de la ſignature & paraffe de celuy qui aura reçeu l'acte pourueu qu'ils la recongnoiſſent & non autrement, & en faiſant ladite expeditiõ ils vſeront des ces paroles* Collationné par moy Commis au Greffe. *& ſigneront & parafferont Et defences leur ſont faictes d'expedier à la relation des procureurs & ſoubs leurs ſignatures les actes & ordonnances auſquelles ils n'auront eſté preſens & de collationner s'ils ne congnoiſſent l'eſcriture & ſignature de celuy qui les aura reçeuës.*

LXIIII.

Et pour oſter toute confuſion ſeront faicts

trois registres des presentations des causes nouuelles qui se presenteront pour les demandeurs trois diuers iours de la sepmaine, Assauoir le Lundy, Mecredy & Samedy, ausquels iours tous procureurs apporteront au Greffe le brief ou attiquet de leursdites causes pour presenter audit Greffe des presentatiõs, lesquelles causes les Greffiers ou leurs cõmis seront tenus certifier aux procureurs : Et à chacun desdits iours sera par les Greffiers ou leurs commis apres toutes les presentations faictes, escript de leurs mains sur le registre, FIN DES PRESENTATIONS D'VN TEL IOVR : sur peine de faux, dommages & interests des parties.

LXV.

Sera aussi faict vn registre des causes d'apel des Iuges ressortissans tant au Siege Presidial qu'en la Seneschauçée, auquel seront presentées toutes causes pour les appellans, sur lesquelles presentations les procureurs des intimez se pourront cotter audit registre s'ils trouuent lesdits appellans presens, sinon lesdits intimez & appellans presens pourront passer au mesme registre leurs congez & defaults apres les trois iours passez pour faire ladite presentation : Et se feront lesdites presentations en la mesme forme & maniere que dessus.

Et en adioustant au soixante-cinquiesme article, les Registres seront reliez colez au dos & couppez sur la trenche, les feuillets quotez de leur nombre comme les registres des insinuations & ce de la main du clerc qui aura escrit l'acte tant à la fin qu'au commencement d'iceux, en laquelle quote y aura vne syllabe escripte au long pour recongnoistre la main de celuy qui aura faict la quote.

LXVI.

Seront tous les feuillets desdits registres des presentations desdits defaults & congez quotez par nombres & paraffez, & en fin du dernier sera faict acte de certification du nombre qui s'y est trouué, de qu'elle main ils sont quotez & paraffez, & quel iour le tout à esté faict, & sera ledit acte de certification signé par le Greffier,

LXVII.

Lesdits registres demeureront attachez au Greffe tant iour ferié que non ferié, soubs la charge desdits Greffiers des presentations qui seront tenus de respondre s'il y advient quelque faute des dommages & interests des parties, & à ceste fin tiendront le Greffe ouuert où lesdits registres seront, sans que lesdits registres se puissent transporter hors lesdits Greffes.

LXVIII.

En marge des presentations des defauts & congez les procureurs de la partie adverse leurs substituts ou clercs se pourront quoter pour leurs parties selõ les charges qu'ils aurõt.

LXIX.

Defences sont faictes à tous procureurs clercs & autres personnes quelsconques d'escrire aucune chose sur lesdits registres des presentations fors ladite quote, sur peine de faux & de punition arbitraire.

LXX.

Est inhibé & defendu à tous fermiers des èmolumens des defaults, greffier des presentations, clercs & commis, de mettre aucun verifié sur les presentations desdits defaults & congez qu'au prealable lesdites presentations de defaults & congez n'ayent demeuré sur lesdits registres trois iours à la maniere accoustumée, sur peine de nullité desdits defaults ou congez, despens dommages & interests desdites parties : Et aussi ausdits greffiers leurs clercs & commis de les deliurer que ledit temps ne soit passé sur les mesmes peines, & ſera le verifié & groſſata eſcrit tout au long & ſans abreuiature, & paraffé afin de mieux congnoiſtre celuy qui l'aura eſcrit.

Et adiouſtant au ſoixante-dixieſme article, Il eſt enioinct à celuy qui eſcrira le groſſata de le ſigner & paraffer.

LXXI.

Eſt enjoinct auſdits Greffiers & clercs du greffe de faire quatre regiſtres auſquels ſerõt preſentées toutes cauſes pour l'inſtruction des proçez, en chacun deſquels pour éuiter l'inégualité, ne pourront les procureurs preſenter plus de quatre cauſes de rang, que tous les autres procureurs n'en ayent preſenté autant des leurs s'ils en ont, & leſquels quatre regiſtres ſeront apportez à toutes audiences où ſe font leſdites inſtructions par quatre clercs dudit greffe, leſquels ſeront tenus d'eſcrire de leur main ſur leſdits regiſtres l'ordonnance au long à l'inſtant & ſur le champ que ladite ordonnance aura eſté donnée ſans aucune remiſe ni excuſe, pour ce faict à l'inſtant de l'iſſuë de l'audience eſtre leſdits quatre regiſtres attachez au banc du greffe pour y demeurer & eſtre publiez à toutes perſonnes qui voudront voir ou leuer les cauſes & ordonnances juſques à l'autre prochaine audience, ſans que leſdits regiſtres puiſſent eſtre leuez ni emportez dudit greffe pour quelque cauſe que ce ſoit.

LXXII.

Auſsi ſera faict vn autre regiſtre des cauſes plaidées & venuës autour du rolle de l'huiſſier és iours d'audience du ſiege Preſidial, auquel ſeront enregiſtrez au long les ordonnances & iugemens qui ſur iceux auront eſté donnez.

Adiouſtant au ſoixante-donzieſme article, eſt ordonné qu'il y aura vn ſeul regiſtre commun aux quatre clercs de l'audience auquel ſeront mis les iugemens des cauſes plaidées és audiences ordinaires,

LXXIII.

Auſsi ſera faict vn regiſtre qui ſera appellé le regiſtre des preſens, auquel regiſtre le iour de l'audience ordinaire ſeront preſentées toutes cauſes des parties preſentes & ſuruenans qui ſeront tenus ſe preſenter & comparoit en iugement en perſonne leurs cauſes appellées, autrement la cauſe ſera rayée, & à eux & leur Advocat & procureur audience deſniée.

LXXIIII.

Sera faict vn autre regiſtre à part, auquel ſeront enregiſtrez tous actes de ceſsions de biens & d'attestations de peremptoires & publications de contracts de substitution & testamens, actes de notorieté qui seront pris faicts & donnez en iugement sans qu'on y puisse enregistrer autres actes ordonnances ou appoinctemens, lequel registre sera cotté en chacun feuillet certifié & paraffé au dernier feuillet d'iceluy comme le registre des insinuations.

Sur le soixante-quatorziesme article, attendu qu'il y a registre à part pour les attestations & certifications de criées, est ordonné que ledit registre demeurera, & qu'il en sera faict vn autre pour les autres actes, Assauoir, cessions de bien, enterinement de lettres de separation de biens, publication de contracts & testamens portans substitutions, actes de notorieté pris en audience. Et vn troisiesme registre auquel seront inserez les actes de tutelle des nobles & habitans de ceste ville & banlieue, & actes des advis de parens pour repudier succession, vendre, changer ou partager biens de mineurs & decreter sur mariage d'iceux, & les inventaires de ceux qui veulent passer à secondes nopces, Et quant aux partages des biens desdits mineurs ils seront mentionnez audit registre & sur celuy du depost, & mis en liasse au Greffe.

LXXV.

Seront faicts autres registres pour enregistrer tous actes & appoinctemens accordez ou pris hors iugement.

Sur l'article soixante-quinziesme, attendu la difficulté de l'obseruer & pour espargner fraiz & seiour aux parties : est ordonné qu'au lieu du registre y mentionné, les procureurs en feront liasse enfilée & en tiendront Cottet ou registre sõmaire.

LXXVI.

Defences sont faictes aux Greffiers d'insinuër aucuns contracts qu'ils ne soient paraffez de la main du Procureur y nommé requerant l'insinuation ou de son substitut procureur.

Et en adioustant à l'article soixante-seziesme pour éviter que les insinuations ne soient faictes hors le temps de l'ordonnance & antidattées, defences sont faictes aux commis au greffe qui tiennent les registres des insinuations, d'icelles insinuër que au prealable les donnations ne soient signées par le Syndic des procureurs auquel est enioinct d'en tenir bon & fidel registre contenant la datte, nom du Notaire, & des donateur & donnataire, & dattera audit contract le iour qu'il luy sera presenté, & seront les insinuations faictes des expeditions & non des minuttes ou nottes originales & l'acte desdites insinuations ſera appoſé ſur ladite expedition auec defences aux Notaires de ſe deſaiſir des nottes originales des donations, le tout à peine de nullité & de faux.

LXXVII.

Eſt ordonné que tous procez, dictons, regiſtres, ſacs, pieces & papiers qui ſont és maiſons des greffiers, commis, veufves ou heritiers ſeront remis au greffe : Et eſt detẽdu aux greffiers fermiers, leurs veufves & heritiers, commis & tous autres directement ou indirectement de les receler ou diſtraire, ains iceux remettre au greffe dans quinzaine apres la publication des preſentes, auec defences d'en garder aucũs deſormais en leurs maiſons ſur peine de priuation de leurs charges & d'amende arbitraire.

Et en adiouſtant au ſoixante-dixſeptieſme article, Eſt ordonné que toutes les actes de tutelles, inventaires, comptes tant de tutelles que autres, comm'auſsi tous decrets & actes de conſignation du pris qui ſont és mains des Commis ou autres perſonnes quelſconques ſeront pareillement mis & apportez au Greffe dont les Greffiers ſeront tenus ſe charger, ſans que deſormais tels actes puiſſent eſtre deliurez que la minutte ne ſoit miſe au Greffe, & du depoſt deſdits actes les Greffiers feront vn registre à part, & enioinct aux Greffiers fermiers qui sont à present de sommer & interpeller lesdits clercs, commis exerçans, & les heritiers des deffuncts de satisfaire audit article à peine d'interdictiō de leurs charges & de respondre des dommages & interests des parties, & en rapporter leurs diligences dans quinzaine.

LXXVIII.

Il est enjoinct aux Greffiers de faire vn registre quoté & verifié comme dessus, auquel seront escrits les actes des prononciations de toutes sentences & jugemens à l'instant qu'ils auront esté prononcez où seront particulierement specifiez les noms des procureurs ausquels lesdites prononciations auront esté faictes: Et sont faictes defences aux Greffiers & leurs commis d'escrire le prononcé au bas des dictons jusques apres l'enregistrement de ladite prononciation, sur peine de suspension d'amende arbitraire & des dommages & interests des parties: Sera ledit registre apporté en la chambre du Conseil chacun Samedy pour estre veu & arresté en fin desdites prononciations, declarans toutes prononciations non contenuës audit registre nulles & de nul effect.

Et en adioustant au soixante-dixhuictiesme

article eſt enioinct aux procureurs à peine de ſuſpenſion de leurs charges & d'amende arbitraire, & du ſeiour des parties, & à leurs ſubſtituts ou principaux clercs de ſigner les actes des prononciations & ſignifications qui leur ſeront faictes, ſans que par leſdites ſignatures ils ſoient cenſés faire aucune approbation des actes, ordonnances & iugemens, ni qu'elle leur puiſſe preiudicier aux moyens de ſe pourvoir par voye d'appel, requeſte ciuile ou autres ſi aucuns en ont, ains ferōt ſimplement foy de ladite prononciation ou ſignification & bail de coppie y mentionné, & à faute de ladite ſignature ſeront leſdites procurations & ſignifications nulles & n'y ſera foy adiouſtée, & defences auſdits procureurs & commis de differer leſdites ſignatures & d'exiger ou prendre aucune choſe pour icelle, aux peines que deſſus & de concuſſion, & enioinct audit commis de ſigner l'acte de prononciation, & en cas de reffus ou remiſe deſdits procureurs defences ſont faictes aux commis de les deſemparer ains leur enioindront de les ſuyure & comparoir pardeuant le premier ou plus proche des Iuges pour ſe voir condamner aux peines dudit reffus ce qui ſera faict ſans deport.

LXXIX.

Defences ſont faictes auſdits Greffiers

leurs clercs & commis de prendre aucun ſalaire pour la redition des ſacs & pieces apres le procez iugé & les ſentences miſes en forme en quelque maniere que ce ſoit, ſur peine de concuſsion, ſuſpenſion ou priuation de leurs charges.

LXXX.

Que les Greffiers en ſignant tous iugemẽs interlocutoires ou difinitifs paraſſeront les pieces des productions des parties ſur leſquelles leſdits iugemens ſeront interuenus, mettront auſsi leur paraffe en la fin de l'inventaire âfin que les pieces ne ſoient changees ou augmentees.

Et en tant que touche l'article quatre vingts, eſt ordonné que les paraffes des Greffiers mentionnez audit article ſeront faicts en meſme temps que les pieces, proçez par eſcrit ou autres productions ſeront miſes au Greffe, ſans qu'il ſoit permis aux parties de changer leſdites pieces, ni augmenter les inventaires ſans appeller partie & ſeront les paraffes apposez à chacune feuille.

LXXXI.

Seront tenus leſdits Greffiers d'expedier tous defaults congez, contrainctes, adjudications & ſentences en parchemin, ſur peine de priuation des émolumens qui leur peuuent appartenir & d'amende arbitraire.

LXXXII.

Et auſsi enioinct auſdits Greffiers tant du ciuil que criminel de tenir vn tableau en lieu éminent & acceſsible du Greffe contenant la taxe des expeditions, ſalaires & vaccations qu'ils doivent prendre, & de certifier au pied de chacune expedition ce qu'ils auront pris, faiſant defences auſdits Greffiers, clercs de greffe & commis de prendre & exiger, meſmes du gré des parties procureurs ou clercs d'iceux ſoubs quelque pretexte que ce ſoit aucune autre choſe outre & pardeſſus ce qui leur eſt permis ſuyuant le contenu audit tableau, Edicts & ordonnances du Roy, ſur peine de concuſsion, amende & punition corporelle s'il y eſchet contre les contreuenans,

Les quatre Commis aux Criées prendront place au Greffe & tiendront vn ſeul regiſtre des oppoſitions qui y ſeront apportees, Comm'auſsi feront les autres commis ſeul à ſeul ou deux à deux iuſques à la reduction.

SERGENS.

LXXXIII.

SEront tenus doresnauant les Sergens d'escrire au commencement de leurs exploicts leur nom & surnom & le lieu de leur demeurance.

Et en adioustant à l'article quatre vingts-trois, suyuant plusieurs Ordonnances est enioinct aux Sergens d'exprimer tant en l'original qu'en la coppie de leurs exploicts les noms surnoms qualitez & demeurances de leurs records, des parties pour & contre lesquelles ils exploictent & des personnes ausquelles ils parlent en faisant les sommations ou significations, si les personnes ausquelles ils parleront ne refusent de dire leurs noms dont ils seront tenus de faire mention : Le tout à peine de nullité des exploicts & de tous despens dommages & interests tant contre les parties que contre les sergens & de suspension de leurs charges, & de respondre au Roy de l'amende & émolument deubs par les parties dont les demeurez ne seront declarez. Faict & deliberé en la Chambre du Conseil le Samedy treziesme May mil six cens vingt trois.

signé, DE MVRAT *Et* VALLETE.

LXXXIIII.

Defences à tous Sergens de bailler aucunes asignations aux parties par-deuant les Iuges-Consuls des marchans sinon és causes dont la congnoissançe leur appartient : Assauoir de marchant à marchant, & pour faict de marchandise seulement : Et à cét effect seront tenus faire mention que lesdites parties sont de ladite qualité de marchant, & que ce dont est questiõ est de faict de marchandise, à peine de suspension de leurs charges. Faict le 24. Decembre 1595. Signé,

BINET. Et DEMVRAT.

Et plus bas, DALLEMAIGNE.

SVYVANT la Requeste du Procureur du Roy à ce que lecture & publication fust faicte du present Reglement àfin qu'aucun n'en pretendit cause d'ignorance & acte luy en fust octroyé. A esté procedé à la lecture d'iceluy & octroyé acte d'icelle : Et enjoinct aux Addocats & Procureurs, Greffiers & leurs Commis Huissiers Sergens & tous autres de garder & obseruer ledit Reglemẽt de poinct en poinct sur les peines y contenuës : Le tout par maniere de prouision & jusques à ce qu'autrement soit ordonné. Faict judiciellement seants messieurs Maistres CLAVDE BINET Lieutenant general, ANDRE'

DEFRETAT Lieutenant particulier, GILBERT DVVERDIER premier Conseiller & garde des seaux, PIERRE CHATARD, FRANCOIS CHALAMEL, MARTIAL THIERRY, PIERRE BENEZIT, GASPARD DVMAS, CLAVDE ROVLET, ANTOINE FONTANON, IEHAN SAVARON, IACQVES DEMVRAT & LOVYS CHADVC, Conseillers audit Siege le 10. iour de Ianvier 1596. signé, Dallemaigne. Estans Syndics de la Communauté des Advocats Procureurs & Curiaux maistres Marin Dallemaigne Advocat, & Pierre Chauveau Procureur audit Siege.

CE REQVERANT le Procureur du Roy par Maistre Gabriel Combes Advocat de sa Maiesté lecture & publication du present supplément & interpretation de Reglement à esté faicte à ce qu'aucun n'en pretende cause d'ignorance & enioinct à toutes personnes y mentionnées de l'observer aux peines y contenuës : Est ordonné qu'à la diligence des Syndics de la communauté des Advocats & Procureurs il sera imprimé à la suitte de l'ancien ou interseré en lettre differente avec les articles y mentiõnez. Faict iudiciellemẽt en l'audience seants Messieurs Maistre ANTOINE DEMVRAT

Lieutenant general, GASPARD CHABRON *Lieutenant particulier criminel Asseßeur*, DeMVRAT, CHADVC, FORGET, SOVBRANY, PACHEO, CHABRE & BENEZIT *Conseillers, en presence dudit Procureur du* ROY, *de Maistres* IEAN MANGOT *Advocat &* ANTOINE GVY *Procureur Syndics de ladite communauté. Faict ledit iour treziesme May audit An.*

signé, MARCHON. Commis greffier

Ampliations au 33. article en faveur des Advocats.

SVR la Requeste presentée par les Advocats dudit Siege remonstrant que aucuns des Procureurs contrevenans à l'article 33. dudit Reglement, font & signent toutes escritures, employét & produisent les estrãgeres, retenans les plus legitimes loyers tant des anciens que ieunes Advocats, ce que recule & r'abaisse le courage & advancement des ieunes, diminuë & obscurcit la splendeur du Barreau & cause la perte de grand partie des proçés: Requerans aux fins d'estre pourveu à cé desordre qu'il leur soit permis verifier les productions aux distributions des proçez par tour de mois en mois. A esté ordonné à la chambre du Cõseil. Permis ausdits Advocats, lesquels neantmoings entretiendront le surplus dudit article le 13. Fevrier 1613. Rap. M. le Lieute. gene.

SSVR la Requeste presentée par les Advocats de ce Siege à laquelle le Procureur du Roy a adheré: en adioustant au trente-troisiéme article defences sont faictes aux Procureurs de faire aux audiences aucunes requestes pour retraictz feodaux ou lignagiers: pour demander actes de notorieté, publicatiõs & enregistremens de substitutions: ains seront telles requestes faictes par les Advocats. Ne seront aussi dressées aucunes lettres Royaux par autres que par lesdits Advocats.

PAR ORDONNANCE donnée en la Chambre du Conseil du second iour d'Avril mil six cens vingt-un pour les causes y contenuës. A esté ordonné que l'audience de monsieur le Seneschal qu'on tenoit cy devant le Lundy & l'entrée dudit iour en la Chambe sont remises au Mardy, sinon quand le Mardy sera ferié, auquel cas l'audience sera tenuë le Lundy & où le Mecredy sera ferié, lesdits sieurs entrerõt le Lundy & Mardy & audit iour de Mardy ladite audience sera tenuë.

www.ingramcontent.com/pod-product-compliance
Ingram Content Group UK Ltd.
Pitfield, Milton Keynes, MK11 3LW, UK
UKHW021943260726
13994UKWH00004B/1507